Impressum
Verlag: BABADADA GmbH, Nedderfeld 112 , 22529 Hamburg
Geschäftsführer / Verlagsleitung: Harald Hof
Druck: Books on Demand GmbH, In de Tarpen 42, 22848 Norderstedt

Imprint
Publisher: BABADADA GmbH, Nedderfeld 112 , 22529 Hamburg, Germany
Managing Director / Publishing direction: Harald Hof
Print: Books on Demand GmbH, In de Tarpen 42, 22848 Norderstedt, Germany

dividieren
除

186/2

Tafel
黑板

Klassenzimmer
教室

Schulhof
校园

Lehrer
老师

Papier
纸

schreiben
书写

Stift
钢笔

Schreibtisch
办公桌

Lineal
直尺

Buch
书

Schüler
学生

Ranzen

书包

Federmappe

铅笔盒

Bleistift

铅笔

Bleistiftanspitzer

卷笔刀

Radiergummi

橡皮擦

Zeichenblock

画板

Zeichnung
图画

Pinsel
画笔

Malkasten
颜料盒

Schere
剪刀

Klebstoff
胶水

Übungsheft
练习册

Hausaufgabe
家庭作业

12

Zahl
数字

2+2

addieren
加

5-2

subtrahieren
减

2×2

multiplizieren
乘

rechnen
计算

A

Buchstabe
字母

ABCDEFG
HIJKLMN
OPQRSTU
VWXYZ

Alphabet
字母表

hello

Wort
字

Text

课文

lesen

读

Kreide

粉笔

Stunde

上课

Klassenbuch

登记

Prüfung

考试

Zeugnis

证书

Schuluniform

校服

Ausbildung

教育

Lexikon

百科全书

Universität

大学

Mikroskop

显微镜

Karte

地图

Papierkorb

废纸筐

Hotel
酒店

Grand

Herberge
青年旅社

ROOMS

Wechselstube
外币兑换处

EXCHANGE

Koffer
手提箱

Auto
汽车

Sprache

语言

ja / nein

是/否

Okay

好的

Hallo

您好

Übersetzer

翻译员

Danke

谢谢

Was kostet…?

……多少钱？

Ich verstehe nicht

我不明白

Problem

问题

Guten Abend!

晚上好！

Guten Morgen!

早上好！

Gute Nacht!

晚安！

Auf Wiedersehen

再见

Richtung

方向

Gepäck

行李

Tasche

包

Rucksack

双肩包

Gast

客人

Zimmer

房间

Schlafsack

睡袋

Zelt

帐篷

Touristeninformation

旅游信息

Strand

海滩

Kreditkarte

信用卡

Frühstück

早餐

Mittagessen

午餐

Abendessen

晚餐

Fahrkarte

票

Fahrstuhl

电梯

Briefmarke

邮票

Grenze

边界

Zoll

海关

Botschaft

大使馆

Visum

签证

Pass

护照

Flugzeug
飞机

Schiff
船

Feuerwehrauto
消防车

Bus
公交车

Lastwagen
卡车

Motorboot
汽艇

Fahrrad
自行车

Auto
汽车

Fähre

摆渡船

Boot

小船

Motorrad

摩托车

Polizeiauto

警车

Rennauto

赛车

Mietwagen

租车

Carsharing
拼车

Abschleppwagen
拖车

Müllauto
垃圾车

Motor
发动机

Kraftstoff
汽油

Tankstelle
加油站

Verkehrsschild
交通标志

Verkehr
交通

Stau
交通堵塞

Parkplatz
停车场

Bahnhof
火车站

Schienen
轨道

Zug
火车

Straßenbahn
电车

Wagon
货车

Helikopter

直升机

Flughafen

机场

Tower

塔

Passagier

乘客

Container

集装箱

Karton

纸板箱

Karren

手推车

Korb

篮子

starten / landen

起飞/降落

Stadt

城市

Dorf

村庄

Stadtzentrum

市中心

Haus

房子

Kino
电影院

Werbung
广告

Straßenlaterne
路灯

Straße
街道

Taxi
出租车

Kiosk
小吃店

Fußgänger
行人

Bürgersteig
人行道

Kreuzung
十字路口

Zebrastreifen
斑马线

Mülltonne
垃圾箱

Ampel
红绿灯

CINEMA

Hütte
小屋

Wohnung
公寓

Bahnhof
火车站

Rathaus
市政厅

Museum
博物馆

Schule
学校

Universität

大学

Bank

银行

Krankenhaus

医院

Hotel

酒店

Apotheke

药房

Büro

办公室

Buchhandlung

书店

Geschäft

商店

Blumenladen

花店

Supermarkt

超市

Markt

市场

Kaufhaus

百货商店

Fischhändler

鱼店

Einkaufszentrum

购物中心

Hafen

海港

Park

公园

Bank

长凳

Brücke

桥

Treppe

楼梯

U-Bahn

地铁

Tunnel

隧道

Bushaltestelle

公交车站

Bar

酒吧

Restaurant

餐馆

Briefkasten

邮筒

Straßenschild

路标

Parkuhr

停车计时器

Zoo

动物园

Badeanstalt

游泳馆

Moschee

清真寺

Bauernhof

农场

Umweltverschmutzung

污染

Friedhof

墓地

Kirche

教堂

Spielplatz

操场

Tempel

寺庙

Landschaft

地形

Tal
峡谷

Berg
山

See
湖

Wald
森林

Wüste
沙漠

Vulkan
火山

Schloss
城堡

Regenbogen
彩虹

Pilz
蘑菇

Palme
棕榈树

Moskito
蚊子

Fliege
苍蝇

Ameise
蚂蚁

Biene
蜜蜂

Spinne
蜘蛛

Käfer

甲虫

Frosch

青蛙

Eichhörnchen

松鼠

Igel

刺猬

Hase

野兔

Eule

猫头鹰

Vogel

鸟

Schwan

天鹅

Wildschwein

野猪

Hirsch

鹿

Elch

麋鹿

Staudamm

水坝

Windrad

风力发电机

Solarmodul

太阳能电池板

Klima

气候

Kellner
服务员

Speisekarte
菜单

Stuhl
椅子

Suppe
汤

Pizza
披萨饼

Besteck
餐具

Tischdecke
桌布

Vorspeise

前菜

Hauptgericht

主菜

Nachspeise

甜点

Getränke

饮料

Essen

食物

Flasche

瓶子

Fastfood

快餐

Streetfood

街边小吃

Teekanne

茶壶

Zuckerdose

糖盒

Portion

一份饭菜

Espressomaschine

意式咖啡机

Hochstuhl

高脚椅

Rechnung

账单

Tablett

托盘

Messer

刀

Gabel

餐叉

Löffel

勺子

Teelöffel

茶匙

Serviette

餐巾

Glas

玻璃杯

Teller

碟子

Suppenteller

汤盘

Untertasse

碟子

Sauce

酱

Salzstreuer

盐瓶

Pfeffermühle

胡椒磨

Essig

醋

Öl

食用油

Gewürze

调味料

Ketchup

番茄酱

Senf

芥末

Mayonnaise

蛋黄酱

Supermarkt
超市

Angebot
特价

Kunde
顾客

Milchprodukte
乳制品

FOR

Obst
水果

Einkaufswagen
购物车

Schlachterei

肉铺

Bäckerei

面包房

wiegen

称重

Gemüse

蔬菜

Fleisch

肉

Tiefkühlkost

冷冻食品

Aufschnitt

冷盘

Konserven

罐头食品

Waschmittel

洗衣粉

Süßigkeiten

甜食

Haushaltsartikel

日用品

Reinigungsmittel

清洁用品

Verkäuferin

销售员

Kasse

收银机

Kassierer

收银员

Einkaufsliste

购物清单

Öffnungszeiten

开放时间

Brieftasche

钱包

Kreditkarte

信用卡

Tasche

袋子

Plastiktüte

塑料袋

Wasser

水

Saft

果汁

Milch

牛奶

Cola

可乐

Wein

红酒

Bier

啤酒

Alkohol

酒

Kakao

可可

Tee

茶

Kaffee

咖啡

Espresso

意式浓缩咖啡

Cappuccino

卡布奇诺

Banane

香蕉

Apfel

苹果

Orange

橙子

Melone

西瓜

Zitrone

柠檬

Karotte

胡萝卜

Knoblauch

大蒜

Bambus

竹子

Zwiebel

洋葱

Pilz

蘑菇

Nüsse

坚果

Nudeln

面条

Spaghetti

意大利面条

Reis

米饭

Salat

沙拉

Pommes frites

薯条

Bratkartoffeln

炸土豆

Pizza

披萨饼

Hamburger

汉堡包

Sandwich

三明治

Schnitzel

炸猪排

Schinken

火腿

Salami

萨拉米

Wurst

香肠

Huhn

鸡肉

Braten

烤肉

Fisch

鱼

Haferflocken

燕麦片

Müsli

穆兹利

Cornflakes

玉米片

Mehl

面粉

Croissant

羊角面包

Brötchen

面包卷

Brot

面包

Toast

烤面包

Kekse

饼干

Butter

黄油

Quark

凝乳

Kuchen

蛋糕

Ei

蛋

Spiegelei

煎蛋

Käse

奶酪

Eiscreme

冰激凌

Zucker

糖

Honig

蜂蜜

Marmelade

果酱

Nougat-Creme

巧克力酱

Curry

咖喱饭

Bauernhaus
农舍

Strohballen
稻草捆

Scheune
粮仓

Feld
田野

Pferd
马

Anhänger
拖车

Fohlen
马驹

Traktor
拖拉机

Esel
驴

Schaf
羊

Lamm
羔羊

Ziege

山羊

Kuh

奶牛

Kalb

牛犊

Schwein

猪

Ferkel

小猪

Bulle

公牛

Gans

鹅

Ente

鸭

Küken

小鸡

Huhn

母鸡

Hahn

公鸡

Ratte

鼠

Katze

猫

Maus

老鼠

Ochse

牛

Hund

狗

Hundehütte

狗屋

Gartenschlauch

花园浇水软管

Gießkanne

洒水壶

Sense

长柄大镰刀

Pflug

犁

Sichel

镰刀

Hacke

锄头

Mistgabel

长柄草耙

Axt

斧头

Schubkarre

独轮手推车

Trog

饲料槽

Milchkanne

牛奶罐

Sack

麻布袋

Zaun

栅栏

Stall

马厩

Treibhaus

温室

Boden

土壤

Saat

种子

Dünger

肥料

Mähdrescher

联合收割机

ernten

收割

Ernte

收割

Yamswurzel

山药

Weizen

小麦

Soja

大豆

Kartoffel

土豆

Mais

玉米

Raps

油菜籽

Obstbaum

果树

Maniok

树薯

Getreide

谷物

Schornstein
烟囱

Dach
屋顶

Regenrinne
落水管

Fenster
窗户

Garage
车库

Klingel
门铃

Tür
门

Mülleimer
垃圾桶

Briefkasten
信箱

Garten
花园

Wohnzimmer

客厅

Badezimmer

浴室

Küche

厨房

Schlafzimmer

卧室

Kinderzimmer

儿童房

Esszimmer

餐厅

Boden

地板

Wand

墙壁

Decke

吊顶

Keller

地窖

Sauna

桑拿

Balkon

阳台

Terrasse

露台

Schwimmbad

游泳池

Rasenmäher

割草机

Bettbezug

被单

Bettdecke

床罩

Bett

床

Besen

扫帚

Eimer

水桶

Schalter

开关

Tapete
壁纸

Bild
照片

Lampe
台灯

Regal
搁架

Schrank
橱柜

Kamin
壁炉

Fernseher
电视机

Blume
花

Kissen
垫子

Vase
花瓶

Sofa
沙发

Fernbedienung
遥控器

Teppich

地毯

Vorhang

窗帘

Tisch

餐桌

Stuhl

椅子

Schaukelstuhl

摇椅

Sessel

扶手椅

Buch

书

Decke

毯子

Dekoration

装饰品

Feuerholz

木柴

Film

电影

Stereoanlage

高保真音响

Schlüssel

钥匙

Zeitung

报纸

Gemälde

油画

Poster

海报

Radio

收音机

Notizblock

笔记本

Staubsauger

吸尘器

Kaktus

仙人掌

Kerze

蜡烛

Kühlschrank
冰箱

Mikrowelle
微波炉

Küchenwaage
厨房秤

Toaster
烤面包机

Reinigungsmittel
洗洁精

Gefrierfach
冰柜

Backofen
烤箱

Mülleimer
垃圾桶

Geschirrspüler
洗碗机

Herd

炊具

Topf

锅

Eisentopf

铸铁锅

Wok / Kadai

炒锅

Pfanne

平底锅

Wasserkocher

水壶

Dampfgarer

蒸锅

Backblech

烤盘

Geschirr

陶瓷锅

Becher

马克杯

Schale

碗

Essstäbchen

筷子

Suppenkelle

长柄勺

Pfannenwender

铲子

Schneebesen

搅拌器

Kochsieb

滤网

Sieb

筛子

Reibe

磨碎机

Mörser

研钵

Grill

烧烤

Feuerstelle

明火

Schneidebrett

菜板

Nudelholz

擀面杖

Korkenzieher

开瓶器

Dose

罐子

Dosenöffner

开罐器

Topflappen

隔热手套

Waschbecken

水槽

Bürste

刷子

Schwamm

海绵

Mixer

搅拌机

Gefriertruhe

冷藏箱

Babyflasche

奶瓶

Wasserhahn

水龙头

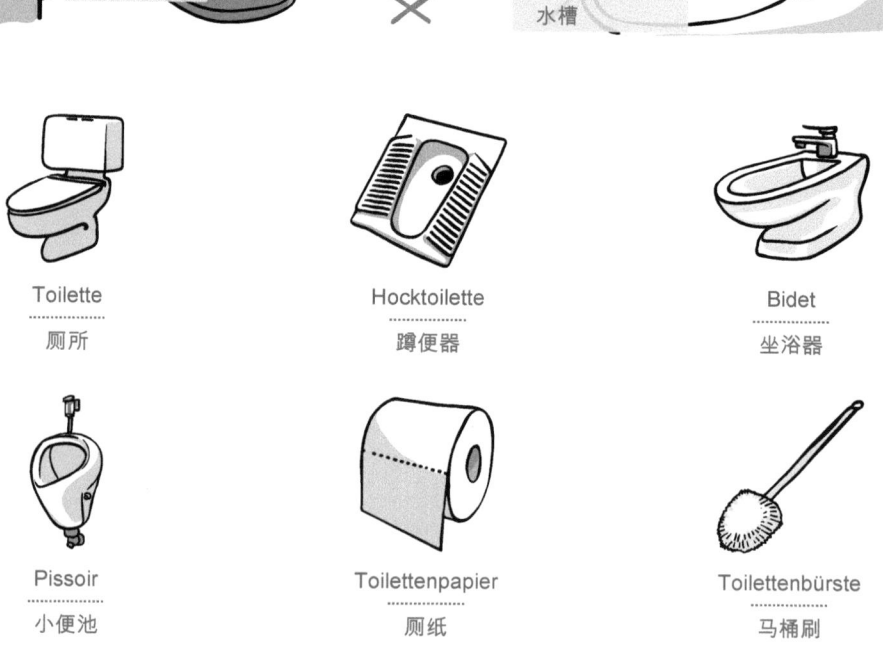

Heizung
供暖设备

Handtuch
毛巾

Dusche
淋浴

Duschvorhang
浴帘

Schaumbad
泡沫浴

Badewanne
浴缸

Glas
玻璃杯

Waschmaschine
洗衣机

Fliesen
瓷砖

Wasserhahn
水龙头

Töpfchen
便壶

Waschbecken
水槽

Toilette

厕所

Hocktoilette

蹲便器

Bidet

坐浴器

Pissoir

小便池

Toilettenpapier

厕纸

Toilettenbürste

马桶刷

Zahnbürste

牙刷

Zahnpasta

牙膏

Zahnseide

牙线

waschen

洗

Handbrause

手持式喷淋头

Intimdusche

冲洗器

Waschschüssel

洗脸盆

Rückenbürste

擦背刷

Seife

肥皂

Duschgel

沐浴露

Shampoo

洗发水

Waschlappen

法兰绒

Abfluss

排水

Creme

乳霜

Deodorant

除臭剂

Spiegel

镜子

Kosmetikspiegel

手镜

Rasierer

剃须刀

Rasierschaum

剃须泡沫

Rasierwasser

须后水

Kamm

梳子

Bürste

刷子

Föhn

吹风机

Haarspray

喷发定型剂

Makeup

化妆品

Lippenstift

唇膏

Nagellack

指甲油

Watte

化妆棉

Nagelschere

指甲剪

Parfum

香水

Kulturbeutel

洗漱包

Hocker

凳子

Waage

计重秤

Bademantel

浴袍

Gummihandschuhe

橡胶手套

Tampon

卫生棉条

Damenbinde

卫生巾

Chemietoilette

化学厕所

Wecker
闹钟

Kuscheltier
毛绒玩具

Spielzeugauto
玩具车

Puppenhaus
玩具屋

Geschenk
礼物

Rassel
拨浪鼓

Ballon
气球

Bett
床

Kinderwagen
（洋娃娃用）婴儿车

Kartenspiel
扑克牌

Puzzle
拼图

Comic
漫画

Legosteine

乐高积木

Bausteine

积木玩具

Action Figur

玩具人

Strampelanzug

婴儿服

Frisbee

飞盘

Mobile

床铃玩具

Brettspiel

棋盘游戏

Würfel

骰子

Modelleisenbahn

火车模型

Schnuller

安抚奶嘴

Party

聚会

Bilderbuch

绘本

Ball

球

Puppe

洋娃娃

spielen

玩

Sandkasten

沙坑

Schaukel

秋千

Spielzeug

玩具

Spielkonsole

游戏机

Dreirad

三轮车

Teddy

泰迪熊

Kleiderschrank

衣柜

Kleidung

衣服

Socken

袜子

Strümpfe

长袜

Strumpfhose

紧身裤

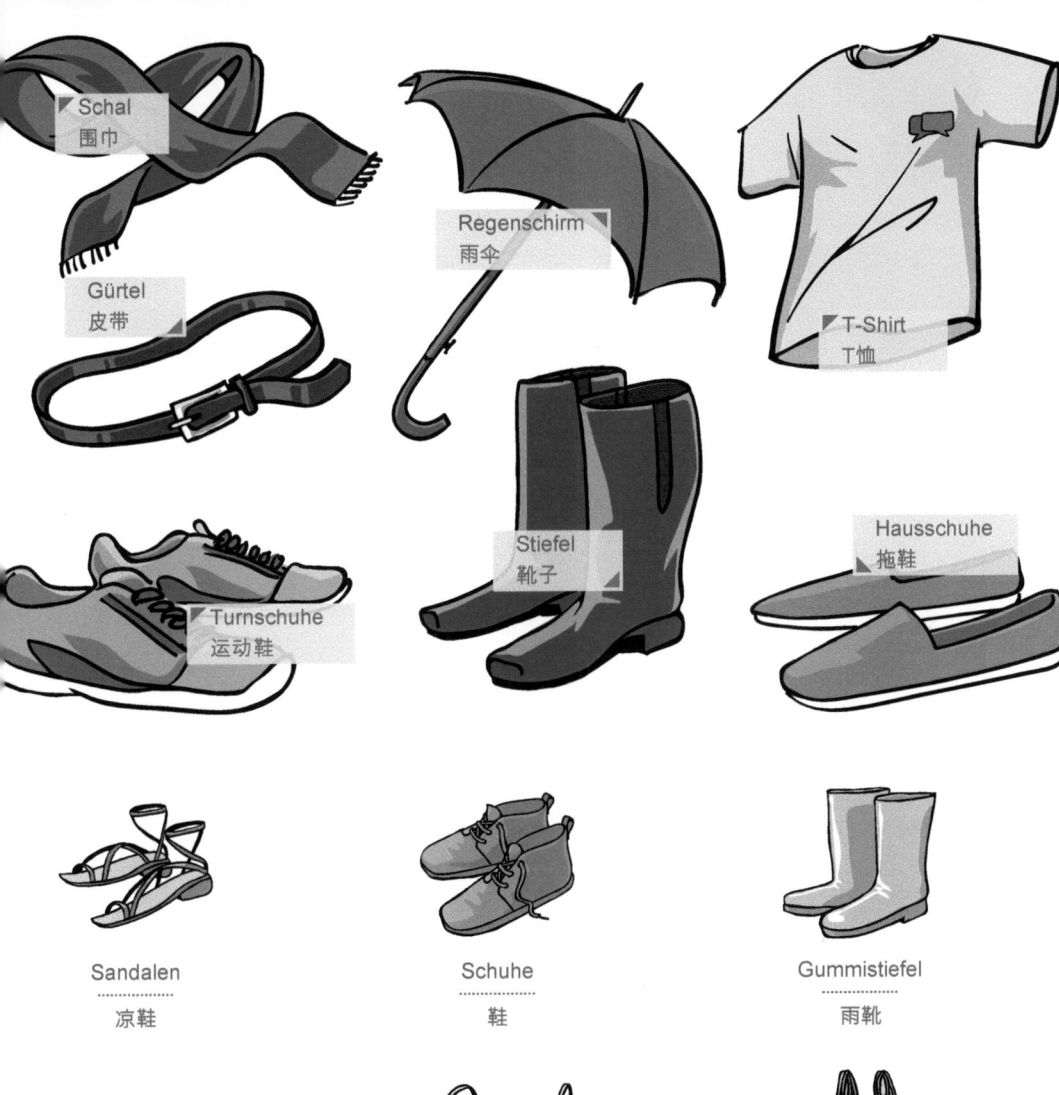

Schal
围巾

Gürtel
皮带

Regenschirm
雨伞

T-Shirt
T恤

Turnschuhe
运动鞋

Stiefel
靴子

Hausschuhe
拖鞋

Sandalen
凉鞋

Schuhe
鞋

Gummistiefel
雨靴

Unterhose
内裤

Büstenhalter
胸罩

Unterhemd
背心

Body

身体

Hose

裤子

Jeans

牛仔裤

Rock

短裙

Bluse

女式衬衫

Hemd

衬衫

Pullover

套头衫

Kapuzenpullover

卫衣

Blazer

西装夹克

Jacke

夹克

Mantel

外套

Regenmantel

雨衣

Kostüm

套装

Kleid

连衣裙

Hochzeitskleid

婚纱

Anzug

西装

Nachthemd

睡袍

Schlafanzug

睡衣

Sari

莎丽

Kopftuch

头巾

Turban

包头巾

Burka

波卡

Kaftan

卡夫坦

Abaya

(阿拉伯式)长袍长袍

Badeanzug

泳衣

Badehose

男式泳裤

Kurze Hose

短裤

Trainingsanzug

运动服

Schürze

围裙

Handschuhe

手套

Kleidung - 衣服

Knopf

纽扣

Brille

眼镜

Armband

手链

Halskette

项链

Ring

戒指

Ohrring

耳环

Mütze

便帽

Kleiderbügel

衣架

Hut

帽子

Krawatte

领带

Reißverschluss

拉链

Helm

头盔

Hosenträger

背带

Schuluniform

校服

Uniform

制服

Lätzchen

围兜

Schnuller

安抚奶嘴

Windel

尿不湿

Büro
办公室

Server
服务器

Aktenschrank
文件柜

Drucker
打印机

Papier
纸

Monitor
显示屏

Maus
鼠标

Schreibtisch
办公桌

Ordner
文件夹

Tastatur
键盘

Stuhl
椅子

Papierkorb
废纸篓

Computer
电脑

Kaffeebecher

咖啡杯

Taschenrechner

计算器

Internet

因特网

Laptop

笔记本电脑

Brief

信件

Nachricht

消息

Handy

手机

Netzwerk

网络

Kopierer

复印机

Software

软件

Telefon

电话

Steckdose

插座

Fax

传真机

Formular

表格

Dokument

文件

kaufen

买

bezahlen

付钱

handeln

交易

Geld

现金

Dollar

美元

Euro

欧元

Yen

日元

Rubel

卢布

Franken

瑞士法郎

Renminbi Yuan

人民币

Rupie

卢比

Geldautomat

提款处

Wechselstube

外币兑换处

Gold

金

Silber

银

Öl

石油

Energie

能源

Preis

价格

Vertrag

合同

Steuer

税金

Aktie

股票

arbeiten

工作

Angestellter

职员

Arbeitgeber

老板

Fabrik

工厂

Geschäft

商店

Polizist
警官

Feuerwehrmann
消防员

Koch
厨师

Arzt
医生

Pilot
飞行员

Gärtner

园丁

Tischler

木匠

Näherin

裁缝

Richter

法官

Chemiker

化学家

Schauspieler

演员

Busfahrer

公交车司机

Taxifahrer

出租车司机

Fischer

渔夫

Putzfrau

清洁女工

Dachdecker

屋顶工

Kellner

服务员

Jäger

猎人

Maler

画家

Bäcker

面包师

Elektriker

电工

Bauarbeiter

建筑工人

Ingenieur

工程师

Schlachter

屠夫

Klempner

水管工

Postbote

邮递员

Soldat

士兵

Architekt

建筑师

Kassierer

收银员

Florist

花农

Friseur

理发师

Schaffner

售票员

Mechaniker

机械师

Kapitän

船长

Zahnarzt

牙医

Wissenschaftler

科学家

Rabbi

拉比

Imam

伊玛目

Mönch

和尚

Geistlicher

牧师

Hammer
铁锤

Zange
钳子

Schraubendreher
螺丝刀

Schraubenschlüssel
扳手

Taschenlampe
手电筒

Bagger

挖掘机

Werkzeugkasten

工具箱

Leiter

梯子

Säge

锯子

Nägel

钉子

Bohrer

钻机

reparieren

修

Schaufel

铲子

Mist!

靠！

Kehrblech

簸箕

Farbtopf

油漆桶

Schrauben

螺丝

Musikinstrumente

乐器

Schlagzeug
打击乐器

Lautsprecher
扬声器

Gitarre
吉他

Kontrabass
低音提琴

Trompete
小号

Klavier

钢琴

Violine

小提琴

Bass

贝斯

Pauke

定音鼓

Trommeln

鼓

Keyboard

电子琴

Saxophon

萨克斯管

Flöte

长笛

Mikrofon

麦克风

Eingang
入口

Tiger
老虎

Käfig
笼子

Zebra
斑马

Tierfutter
动物饲料

Panda
熊猫

Tiere

动物

Elefant

大象

Känguru

袋鼠

Nashorn

犀牛

Gorilla

大猩猩

Bär

熊

Kamel

骆驼

Strauß

鸵鸟

Löwe

狮子

Affe

猴子

Flamingo

火烈鸟

Papagei

鹦鹉

Eisbär

北极熊

Pinguin

企鹅

Hai

鲨鱼

Pfau

孔雀

Schlange

蛇

Krokodil

鳄鱼

Zoowärter

动物园管理员

Robbe

海豹

Jaguar

美洲豹

Pony

矮种马

Leopard

豹

Nilpferd

河马

Giraffe

长颈鹿

Adler

老鹰

Wildschwein

野猪

Fisch

鱼

Schildkröte

龟

Walross

海象

Fuchs

狐狸

Gazelle

羚羊

Sport
体育

American Football
橄榄球

Radfahren
骑自行车

Tennis
网球

Basketball
篮球

Schwimmen
游泳

Boxen
拳击

Eishockey
冰球

Fußball
英式足球

Badminton
羽毛球

Leichtathletik
田径

Handball
手球

Skilaufen
滑雪

Polo
马球

springen
跳

lachen
笑

umarmen
拥抱

gehen
走路

singen
唱

träumen
做梦

beten
祈祷

küssen
亲吻

schreiben
·········
书写

zeichnen
·········
画

zeigen
·········
展示

drücken
·········
推

geben
·········
给

nehmen
·········
拿

haben

有

tun

做

sein

当

stehen

站

laufen

跑

ziehen

拉

werfen

扔

fallen

摔倒

liegen

躺

warten

等待

tragen

携带

sitzen

坐

anziehen

穿衣

schlafen

睡觉

aufwachen

醒来

ansehen

看

weinen

哭

streicheln

抚摸

kämmen

梳头

reden

交谈

verstehen

明白

fragen

问

hören

听

trinken

喝

essen

吃

aufräumen

清理

lieben

爱

kochen

做饭

fahren

开车

fliegen

飞

segeln

航行

rechnen

计算

lesen

读

lernen

学习

arbeiten

工作

heiraten

结婚

nähen

缝

Zähne putzen

刷牙

töten

杀

rauchen

抽烟

senden

寄

Großmutter
祖母

Großvater
祖父

Vater
父亲

Mutter
母亲

Baby
婴童

Tochter
女儿

Sohn
儿子

Gast

客人

Tante

阿姨

Onkel

叔叔

Bruder

兄弟

Schwester

姐妹

Stirn
▶ 前额

Auge
眼睛

Schulter
肩膀

Finger
手指

Gesicht
脸

Kinn
下巴

Hand
手

Brust
乳房

Bein
腿

Arm
手臂

Baby

婴童

Mann

男人

Frau

女人

Mädchen

女孩

Junge

男孩

Kopf

头

Rücken

背部

Bauch

肚子

Nabel

肚脐

Zeh

脚趾

Ferse

脚后跟

Knochen

骨头

Hüfte

臀部

Knie

膝盖

Ellenbogen

手肘

Nase

鼻子

Gesäß

屁股

Haut

皮肤

Wange

脸颊

Ohr

耳朵

Lippe

嘴唇

Mund

嘴

Zahn

牙齿

Zunge

舌头

Gehirn

脑

Herz

心脏

Muskel

肌肉

Lunge

肺

Leber

肝脏

Magen

胃

Nieren

肾脏

Geschlechtsverkehr

性交

Kondom

避孕套

Eizelle

卵子

Sperma

精子

Schwangerschaft

怀孕

Menstruation

月经

Vagina

阴道

Penis

阴茎

Augenbraue

眉毛

Haar

头发

Hals

脖子

Krankenhaus
医院

Krankenwagen
救护车

Rollstuhl
轮椅

Bruch
骨折

Arzt

医生

Notaufnahme

急诊室

Krankenschwester

护士

Notfall

紧急情况

ohnmächtig

昏迷

Schmerz

痛

Verletzung

受伤

Blutung

出血

Herzinfarkt

心脏病发作

Schlaganfall

中风

Allergie

过敏

Husten

咳嗽

Fieber

发烧

Grippe

流感

Durchfall

腹泻

Kopfschmerzen

头痛

Krebs

癌症

Diabetis

糖尿病

Chirurg

外科医生

Skalpell

手术刀

Operation

手术

CT

CT

Röntgen

X光

Ultraschall

超声波

Maske

口罩

Krankheit

疾病

Wartezimmer

候诊室

Krücke

拐杖

Pflaster

石膏

Verband

绷带

Injektion

注射

Stethoskop

听诊器

Trage

担架

Thermometer

体温计

Geburt

出生

Übergewicht

超重

Hörgerät

助听器

Desinfektionsmittel

消毒液

Infektion

感染

Virus

病毒

HIV / AIDS

艾滋病

Medizin

药物

Impfung

接种疫苗

Tabletten

药片

Pille

药丸

Notruf

急救电话

Blutdruck-Messgerät

血压计

krank / gesund

生病/健康

Hilfe!

救命！

Alarm

警报

Überfall

突击

Angriff

攻击

Gefahr

危险

Notausgang

紧急出口

Feuer!

着火啦！

Feuerlöscher

灭火器

Unfall

意外

Erste-Hilfe-Koffer

急救箱

SOS

呼救信号

Polizei

警察

Europa

欧洲

Nordamerika

北美洲

Südamerika

南美洲

Afrika

非洲

Asien

亚洲

Australien

澳洲

Atlantik

大西洋

Pazifik

太平洋

Indischer Ozean

印度洋

Antarktischer Ozean

南冰洋

Arktischer Ozean

北冰洋

Nordpol

北极

Südpol

南极

Antarktis

南极洲

Erde

地球

Land

陆地

Meer

海

Insel

岛

Nation

国家

Staat

国家

Zifferblatt

钟面

Stundenzeiger

时针

Minutenzeiger

分针

Sekundenzeiger

秒针

Wie spät ist es?

现在几点？

Tag

天

Zeit

时间

jetzt

现在

Digitaluhr

电子表

Minute

分

Stunde

时

Woche

周

Montag
周一

MO

Mittwoch
周三

W

Freitag
周五

FR

TU

TH

SA

SO

Dienstag
周二

Samstag
周六

Donnerstag
周四

Sonntag
周日

gestern

昨天

heute

今天

morgen

明天

Morgen

早晨

Mittag

中午

Abend

晚上

MO	TU	WE	TH	FR	SA	SU
1	2	3	4	5	6	7
8	9	10	11	12	13	14
15	16	17	18	19	20	21
22	23	24	25	26	27	28
29	30	31	1	2	3	4

Arbeitstage

工作日

MO	TU	WE	TH	FR	SA	SU
1	2	3	4	5	6	7
8	9	10	11	12	13	14
15	16	17	18	19	20	21
22	23	24	25	26	27	28
29	30	31	1	2	3	4

Wochenende

周末

Regen
雨

Regenbogen
▶彩虹

Frühling
春

Sommer
夏

▷Wind
风

Herbst
▶秋

Schnee
雪▷

Winter
冬

Wettervorhersage

天气预报

Thermometer

温度计

Sonnenschein

阳光

Wolke

云

Nebel

雾

Luftfeuchtigkeit

潮湿

Blitz

闪电

Donner

打雷

Sturm

风暴

Hagel

冰雹

Monsun

季风

Flut

洪水

Eis

冰

Januar

一月

Februar

二月

März

三月

April

四月

Mai

五月

Juni

六月

Juli

七月

August

八月

September

九月

Oktober

十月

November

十一月

Dezember

十二月

Formen

形状

Kreis

圆形

Quadrat

正方形

Rechteck

长方形

Dreieck

三角形

Kugel

球体

Würfel

立方体

weiß

白

gelb

黄

orange

橙

pink

粉

rot

红

lila

紫

blau

蓝

grün

绿

braun

棕

grau

灰

schwarz

黑

viel / wenig

很多/少许

wütend / friedlich

生气/平静

hübsch / hässlich

美/丑

Anfang / Ende

首/尾

groß / klein

大/小

hell / dunkel

明/暗

Bruder / Schwester

兄弟/姐妹

sauber / schmutzig

干净/肮脏

vollständig / unvollständig

完整/缺失

Tag / Nacht

白天/晚上

tot / lebendig

死/生

breit / schmal

宽/窄

genießbar / ungenießbar

可食用/非食用

böse / freundlich

邪恶/善良

aufgeregt / gelangweilt

兴奋/无聊

dick / dünn

胖/瘦

zuerst / zuletzt

第一/最后

Freund / Feind

朋友/敌人

voll / leer

满/空

hart / weich

硬/软

schwer / leicht

重/轻

Hunger / Durst

饿/渴

krank / gesund

生病/健康

illegal / legal

非法/合法

intelligent / dumm

聪明/愚笨

links / rechts

左/右

nah / fern

近/远

neu / gebraucht

新/旧

nichts / etwas

没有/有些

alt / jung

老/幼

an / aus

开/关

offen / geschlossen

打开/合上

leise / laut

安静/吵闹

reich / arm

富/穷

richtig / falsch

对/错

rau / glatt

粗糙/光滑

traurig / glücklich

伤心/高兴

kurz / lang

短/长

langsam / schnell

慢/快

nass / trocken

湿/干

warm / kühl

温暖/凉爽

Krieg / Frieden

战争/和平

Zahlen
数字

0

null

零

1

eins

一

2

zwei

二

3

drei

三

4

vier

四

5

fünf

五

6

sechs

六

7

sieben

七

8

acht

八

9

neun

九

10

zehn

十

11

elf

十一

12
zwölf
十二

13
dreizehn
十三

14
vierzehn
十四

15
fünfzehn
十五

16
sechzehn
十六

17
siebzehn
十七

18
achtzehn
十八

19
neunzehn
十九

20
zwanzig
二十

100
hundert
百

1.000
tausend
千

1.000.000
million
百万

Englisch

英语

Amerikanisches Englisch

美式英语

Chinesisch Mandarin

普通话

Hindi

印地语

Spanisch

西班牙语

Französisch

法语

Arabisch

阿拉伯语

Russisch

俄语

Portugiesisch

葡萄牙语

Bengalisch

孟加拉语

Deutsch

德语

Japanisch

日语

ich
我

du
你

er / sie / es
他/她/它

wir
我们

ihr
你们

sie
他们

wer?
谁？

was?
什么？

wie?
怎样？

wo?
哪里？

wann?
什么时候？

HELLO, I AM

Name
名字

方位

hinter

后面

in

里面

vor

前面

über

上方

auf

上面

unter

下面

neben

旁边

zwischen

中间

Ort

地点